BUDA, DROGAS Y POP:
SOBRE LA AUSENCIA DEL YO

Colección Lumía

Buda, drogas y pop
Colección Lumía
Serie Narrativa
D.R. © Textofilia S.C., 2013.
D.R. © Fausto Alzati Fernández, 2013.
D.R. © Portada "Sin título" de Aníbal Catalán, 2012.
D.R. © Diseño interiores y portada Textofilia S.C.

Textofilia Ediciones

Morena 1205, Int. 4,
Col. Narvarte, Del. Benito Juárez,
C.P. 03020, México, D.F.
Tel. 55 75 89 64

editorial@textofilia.com
www.textofilia.com

Primera edición.

ISBN: 978-607-7818-65-6

Este libro se realizó con apoyo del estímulo a la producción de libros derivado del artículo transitorio cuadragésimo segundo del presupuesto de egresos de la federación 2012.

[BUDA, DROGAS Y POP]

[¿QUIÉN, YO?]

En fila para pagar en un 7-Eleven, me distraigo mirando el anaquel de revistas. Mi atención, por inercia o el motivo que sea, gravita a una portada con el retrato de una joven *rockstar*. La portada muestra a una mujer de cabello castaño y mirada desafiante (que bien podría ser la mirada desafiante de cualquier otra celebridad juvenil del momento). Debajo de su busto dice: "Belinda: sé quién soy... y me quiero". Me brota una cierta irritación: no estoy impresionado por el *auto*-estima que dicha estrella musical declara haber derivado del *auto*-conocimiento; en todo caso, tanta *auto*-referencia me parece una clara señal de una *auto*-obsesión.[1] Quizá sólo envidio su fortuna. Al desvanecer esta reacción inicial, comienzo a preguntarme sobre los motivos que conducirían a alguien a hacer una declaración así.

"Sé quién soy... y me quiero", suena a defensa obligada ante un ataque personal; como si alguien hubiera puesto en duda su autenticidad y de paso su capacidad para querer(se). Belinda Peregrín Schüll nació en Madrid el 15 de agosto de 1989 y es objeto público por sus logros como actriz, cantautora y modelo. Cuenta la leyenda que en 1999, por "mera coincidencia", ella y

---

[1] En palabras del grupo de bachata Aventura, de su éxito internacional 'Obsesión' (como uno de las pocos casos donde la jerga terapéutica se muestra con gracia en una producción pop): "No, no es amor/ Lo que tú sientes se llama obsesión / Una ilusión en tu pensamiento / Que te hace hacer cosas..." (Anthony Santos, 2002).

su madre tropezaron con un *casting* masivo en el Estadio Azteca para un papel en una telenovela de Televisa. En dicho *casting*, a sus 10 años de edad, fue "descubierta", venciendo a miles de niñas adiestradas, con todo y sus desilusionadas madres.

Desde que protagonizó la telenovela *Amigos por siempre* en el año 2000, ganando las Palmas de Oro a Mejor Actriz Infantil, Belinda ha estelarizado más de 5 telenovelas y hecho papeles para películas, teleseries y hasta un par de *reality shows* que llevan su nombre. Pero la joven estrella no sólo actúa en telenovelas sino que además colabora en la banda sonora de éstas, sumado a las cuantiosas ventas de sus tres discos originales (*Belinda, Utopía* y *Carpe Diem*). La idea de ponerme en su lugar me abruma: andar desde los diez años recorriendo el mundo, siempre de gira o en un set de TV, lidiando constantemente con el *flash* de las cámaras y las peticiones de fanáticos y familiares. Debo admitir que no tengo punto de referencia para concebir una infancia tan atareada y galardonada —en mi caso, si bien recuerdo, más bien jugaba Nintendo y odiaba ir a la escuela—. Sin embargo, Belinda encontró tiempo en su agenda para posar en la portada de una revista más, reafirmando que a sus 22, tras 11 años bajo la lupa de la fama, tiene total convicción en quién es.

Me resulta imposible imaginar el vacío que enfrenta Belinda al hacer una declaración de este tipo. Sólo especulo, pero me pregunto, ¿ante quién se justifica cuando dice algo así? ¿Ante sus padres? ¿Ante el público? No lo sé, pero suena angustiante, esta cuestión de ser personalmente dibujado y desdibujado por una borrosa masa de estadísticas y demográficos de consumo. Todos quienes participamos de una sociedad de un modo u otro somos delineados por esa indefinida masa que llamamos "los demás", pero con Belinda esto es más evidente que para un simple mortal. En su caso, la relación con esa masa borrosa de millones de miradas ha estado amplificada desde sus años formativos por cámaras, micrófonos, una avalancha de publicidad y todo un desfile de asesores. Me pregunto si ella a ratos duda sobre quién sería sin todas esas miradas.[2]

Es propicio comenzar una reflexión sobre el Yo a través de la figura de una celebridad. Son (al menos en el imaginario de una cultura) muestras exacerbadas del Yo; exhibiciones magnificadas del credo en la esencia personal. Con la frecuencia con que se les otorga, entre suspiros, el rol de "amor platónico", sería obtuso no considerar las cualidades platónicas que les atribuimos. Llegamos a convencernos de que su imagen es reflejo de alguna verdad metafísica. Ocupan los sitios imaginarios antes destinados para las deidades de la mitología y de paso de la divinidad antes concedida a la realeza. Tal como las figuras de la mitología, están sobrecargadas de simbolismo. Y si la realidad no se sostiene entre símbolos, ¿por qué es un crimen profanar símbolos patrios o incinerar el Corán? Las celebridades son reales en su soberanía mientras que los demás aún requerimos disimular y negociar nuestros impulsos.

¿Qué hay más cercano al mito de la auto-gestación *ex nihilo* (parte creación, parte *big bang*) que la idea del *talento*? ¿Qué es el *carisma* sino un concepto teológico que designa los dones celestiales de un intermediario entre los humanos? El talento opera hoy en día como un místico *je ne sais quoi* que atribuye a cierta destreza el estatus de esencia inmutable. Como si la incredulidad que produce una habilidad revelara algo sobrenatural, confirmando, de paso, un orden universal. Quizá por

---

[2] Puede que esto tenga una relación directa con aquel Principio de Incertidumbre de Heisenberg, donde, para resumir, la observación afecta el resultado de un experimento, determinando, incluso, la localización de las partículas. Esto ha sido un embrollo teórico, ya que tampoco se puede aislar la observación (sin observarla a su vez).

esto me parece tan perverso ver a niñitas vestidas de Gloria Trevi cantando en Sábado Gigante. Aunque puede que no tenga nada que ver.

Adornando concursos de TV —así como los templos católicos se retacan de santos infantes—, el talento del *child star* es lo más cercano a la idea del *alma*. Tales dones, desprovistos de un largo proceso de entrenamiento, mistifican esos pequeños cuerpos con *un algo* que rebasa el entendimiento: una esencia divina. Su talento encarna aquel precepto bíblico de "Yo Soy el que Soy" (Éxodo 13:14). Desde tiempos inmemoriales se ofrecen tautologías para explicar lo inexplicable. Pero la tautología (por más divina que se presente), valga la redundancia, es sólo una tautología: un *loop* ensimismado. Siendo francos —o algo por el estilo— "Yo soy el que Soy" no explica nada; aunque Seas el que Seas, no necesariamente Eres. La cosa va más bien así: *Yo soy el que Aparece, mas no porque Aparezco soy.* El Ser está condicionado, primero, por el Aparecer. En palabras de Cantinflas: "Pues si como les iba diciendo lo que les he dicho está dicho". Prefiero el Cantinfleo que la Tautología, cualquier día del año.

En línea con los silogismos anteriores, lo que importa en relación a la declaración de Belinda es lo siguiente: Ser no es, en modo alguno, superior al Aparecer. Al revisar la entrevista de la cual se extrae ese "Sé quién soy... y me quiero", me entero que responde a un escándalo en torno a una cirugía nasal. Belinda asegura que la operación fue por salud, debido a un tabique desviado que impedía su respiración. Es el tipo de justificación que se vería obligada a hacer ante un tribunal de la autenticidad o algo por el estilo; el tipo de alegato que tendría que hacer en los términos de un insípido binario de profundidad/superficialidad o esencia/apariencia. Contemplo la foto de Belinda en la portada, y bajo el azul claro de sus ojos se observa una nariz, debo decir, muy bien lograda. Además, gracias a ella, ahora miles de personas pueden irse a dormir creyéndose más auténticas.[3] Pero en este caso lo que perturba tanto al *fan* como al *hater* es la naturaleza contingente del objeto de su adoración o desprecio. En otras palabras, la mutabilidad de la cara de una estrella indica que no hay una Belindesencia: Belinda carece de Belinda. Tal como es posible que justo ahora esté soñando y ni siquiera lo sepa y no hay modo de probarlo o negarlo definitivamente.[4]

Pero hablando de narices [léase con tono de comediante en bar de chistes]: ¿Qué tal Michael Jackson, eh? Y hablando del Yo, ¿habrá jamás un Yo tan masivamente proyectado como el del Rey del Pop? Es decir: ¿volverá alguien a ser tan famoso como Michael lo ha sido? Pero qué tremendo efecto tuvo en su vida ser Michael Jackson —brillar más que el Sol—. En el caso de Michael aquel decreto megalómano de Luís XIV (el Rey Sol), "L'État c'est moi" [El Estado soy yo] no sería mera jactancia provincial. Sería, más bien, consecuencia de haber sido tocado por la atención global. Aunque habría que invertir este decreto y llevarlo un paso más lejos, para declarar: *Yo soy el estado del mundo*; es decir, Yo soy un guiño, un reflejo sintomático del estado de las cosas. Porque sin este mínimo sesgo de ironía encontramos al tirano, convencido no sólo de ser quien le dicen que

---

[3] Es como si te preguntan si quieres a una persona por *quién* es o por *cómo* es; pero inevitablemente percibes *quién* es por *cómo* es, entonces el *cómo es* dibuja el *quién es*. Amas a esa persona por cómo es, o lo que amas es siempre un remolino de incertidumbre. Quizá de esto último dependa la confianza.

[4] Esto me remite al teórico francés Jean Baudrillard y lo que denominó como "La radical ilusoriedad del mundo". Es decir que no es posible encontrar un sustento ontológico al mundo como tal o a los fenómenos. Por ello "la realidad", más que un estado absoluto o definitivo, es una coartada ante una incertidumbre mucho más abierta y radical. Esto se relaciona claramente a su teoría sobre el *simulacro*, donde siendo la realidad replicable en la virtualidad, se demuestra su inicial carencia de fundamento. Vale la pena despejar de su sentido peyorativo a la *ilusión* en relación a la, así llamada, *realidad.*

es, pero además convencido de que se le ocurrió a él solito. Imagina —en la medida de lo posible— el efecto que tendría sobre tu psique despertar por la mañana, mirarte al espejo y ver a Michael Jackson. Y por si eso no bastase, suma que además todo el mundo se dedique a recordarte que tú no te *llamas* Michael Jackson, tú no *representas* Michael Jackson: tú *eres* Michael Jackson.[5] Esa sí es impostura. Cosa que sin el debido cuidado se paga con el síndrome de la bruja de blanca nieves, revisando constantemente tu lugar frente al espejo: "¿quién es la más bella de todas?" Basta mirar la mutación de la nariz de Michael para verificarlo.

Mientras considero la nariz de Michael, en el 7-Eleven la fila se acorta cuando una mujer con un arete en la nariz [sic] termina de abonar crédito a su celular. Con ello regreso a Belinda, pero ahora me ocupa otra línea de preguntas sobre su enigmática afirmación "Sé quién soy... y me quiero". Si ella sabe quién es (ella), ¿puede, acaso, ser al mismo tiempo la que sabe y el objeto de (su) saber? Suena complicado; tendría que poderse ver en su totalidad, por fuera y por dentro, todo mientras se mira, claro. Esto requeriría una suerte de desdoblamiento astral. Tendría que ser muchas a la vez, viajando de un lado a otro a una velocidad alucinante.

Además, ¿cómo sabe que sabe; cómo llega a esa certeza? Me parece algo así como intentar probar tu propia lengua; cosa que sólo resulta en un trabalenguas.[6] Y sucede algo similar con la segunda afirmación, aquélla referente al afecto que se ofrece a sí misma. Dice quererse, pero no queda claro si ella

---

[5] Y bien lo decía el psicoanalista Jacques Lacan, en lo que sus adeptos bien podrían llamar 'la parábola de Lacan': "el loco no es sólo un mendigo que cree ser un rey, también es un rey que cree ser un rey".

[6] ¿Cómo sabes a qué sabe lo sabes si no sabes a qué sabe lo que sabes que sabes (*ad infinitum*)? Esto es como intentar mirar tu propia pupila con esa misma pupila (y no el reflejo de tu pupila en un espejo, reflejada en tu pupila en el espejo...).

es, entonces, la querida o la querendona. En otras palabras, cuando es la que quiere, ¿a quién quiere, si en ese momento ella se encuentra queriendo? Y cuando es la querida, ¿dónde queda la querendona?[7] Por momentos considero la posibilidad de que la joven cantante sea más de una persona, pero ¿no habría entonces de referirse a sí misma en plural, con un "nosotras", por ejemplo?[8] O, y esto es más bizarro aún, quizá no sea ni una ni la otra, con lo cual habría de hablar de sí misma en tercera persona (desde una borrosidad trascendental), al estilo Maradona.[9]

Es como ahora que escribo "Yo", ¿soy el que lo escribe o a quien alude la palabra escrita? Suponiendo que soy ambos (como un dueto coral), entonces somos Yo y Yo; mientras que de ser exclusivamente uno o el otro sería por ende Yo o Yo, (como gemelos siameses donde sólo puede vivir uno si el otro muere). En cambio, si por alguna irrupción *freak* en el espacio-

---

[7] Es posible que esto se resuelva torno a las diferencias categóricas entre *amar y querer* que entona el príncipe de la canción, José José, en su clásico "Amar y querer" (Manuel Alejandro/Ana Magdalena, 1977). Discurriendo un poco, lo que nos dice José José es: *querer* es un afecto que deviene de una fragmentación subjetiva donde se tiene siempre una imagen de sí mismo en la mira como referencia; mientras que *amar* implica la disolución de esa relación especular consigo mismo a cambio de una inmanente plenitud desbordante. En el amar no hay una noción de existencia porque no hay una postura trascendental, no hay intentos por validar(se) la existencia, porque lo infinito es infinito. Así la persona amada, por ende, está presente como tal.

[8] Como cuando Belinda interpretó simultáneamente dos personajes (Mariana Cantú y Silvana Del Valle) en la telenovela *Cómplices al rescate*, 2002.

[9] Aquí una nota extraída de *Noticias de Argentina y el Mundo*: "[...] Maradona es Maradona. Maradona sale a aclarar esto porque a Maradona le encanta decir Maradona". Sus dichos tuvieron amplia repercusión en distintos medios que llegaron a calificar su declaración como *autorreferencial*. Indignado, Maradona ha respondido que "si fuera tan egocéntrico como dicen por ahí, todo el tiempo diría 'yo, yo, yo', y sin embargo siempre hablo en tercera persona". Después de este testimonio, Maradona se retiró intempestivamente de la sala de prensa. No obstante, a los veinte segundos regresó a la sala y, mirando a los atónitos periodistas, anunció en el micrófono: 'Soy Maradona'." (http://noticias-rb.blogspot.com/2010/08/maradona-maradona-no-es-kirchner.html)

tiempo, ambos de estos escenarios sucedieran a la vez, sería Yo y/o Yo (como un *tag team* de lucha libre donde en cualquier momento uno puede desmayarse por sobredosis de anabólicos). Aunque al contemplarlo, parece que en dado caso tendría que ser una diagonal invisible que divide la "y" de la "o": yo.[10] Esa diagonal es una marca de posibilidad entre la conjunción y la escición. Pero, por más entretenido (o molesto) que llegue a sonar este juego lingüístico, lo más probable es que Yo sea meramente una figura gramatical, un modismo.

En el 7-Eleven por fin se ha disipado la fila, es mi turno para pagar (y pocas cosas generan tanta convicción en un Yo como pagar o cobrar).[11] La cajera, en su uniforme verde, me doy cuenta, es relativamente bajita. Por un instante intercambiamos miradas; observo el brillo negro en el centro de su iris y me pregunto ¿por qué yo soy yo y no ella? y ¿por qué ninguno de los dos somos la mosca que pasa volando entre nosotros?[12] Lo peculiar es que ella es ella *siempre y cuando* ella no sea yo; y yo, a su vez, sólo soy yo *gracias a que* ella es ella. Pero si para ser yo dependo de que ella sea ella, ¿quién diablos soy

---

[10] Como el matema que Jacques Lacan designa para el Sujeto en su teoría: una "S", parecida a la del dinero, escindida irresolublemente por una diagonal. Una diagonal que divide lo consciente de lo inconsciente, atravesando la "S", así como la estructura del lenguaje atraviesa la constitución de un sujeto. Ya había un nombre para nosotros y para los objetos alrededor nuestro antes de que naciéramos. Y en base a las estructuras del lenguaje nos representamos ante otros y, en torno, para nosotros mismos como un alguien.

[11] Ser insultado, adulado, inculpado o indultado también generan mucha convicción en el Yo.

[12] Con base en este acertijo de la diferencia (entre un ser viviente y otro), se han erigido muchas ideas peculiares sobre la vida, teorías sobre el *karma* o alguna suerte de *orden cósmico*. ¿Será que la diferencia es insoportable? Estas explicaciones "karmico-teleológicas" eluden la infinita complejidad de la causalidad y la casualidad. Tales intentos por explicar la vida misma, acaban sirviendo sólo para justificar, por medio de una supuesta ley divina (o algo por el estilo), los sucesos que ocurren día a día en este mundo. Con ello, cualquier injusticia o abuso se perciben como ocultamente merecidos.

entonces? Es decir: ¿si soy yo gracias a que los demás son ellos, qué tan yo puedo ser si dependo de ellos para ser el que soy?[13] Y dale con el trabalenguas.

Mientras pago, dejando *mi* dinero en *sus* manos, noto debajo de las tantas marcas de cajetillas de cigarros la pequeña pantalla de seguridad. En el monitor observo, en blanco y negro, a un tipo esperando su cambio. Aunque el tipo de la pantalla no soy yo (tanto como la imagen de una mujer en una revista no es una mujer), igual se mueve cómo y cuándo yo lo hago. Por un momento —algo así como un *déjà vu*— creo que entiendo a Belinda: observando cómo me observo en la pantallita observándome en la pantallita... etc.

No, qué va, he sido un ingenuo; no entiendo a Belinda y es más: no entiendo un carajo. Tomo mi cambio y tiro mi recibo en el basurero a un lado de la puerta antes de salir a la calle.

---

[13] Según entiendo, el filósofo Jacques Derrida alude a este fenómeno con el término *Différance*, un combo entre diferir (posponer) y diferenciar (distinguir). Como en el diccionario, por ejemplo, donde cada palabra relega indefinidamente su definición a otras palabras que se definen en base a otras palabras que a su vez... Quizás a esto apuntaba el grupo pop ochentero Timbiriche cuando cantaban que "tú y yo somos uno mismo". O puede que no.

Mientras esperas al metrobús, ya tarde, en una estación prácticamente vacía, Walter Mercado se aparece a un lado tuyo. Aunque estás de poco humor para este tipo de encuentros, Walter te ofrece un trato que capta tu interés. Te mira a los ojos mientras le da un golpe a un Marlboro mentolado y te propone:

"En este preciso momento ______ [inserta aquí tu signo astral] el cosmos te presenta una oportunidad sin igual. Magia. Saturno, rey del tiempo, se ha alineado con Mercurio, maestro de los cambios. Y si dibujas una línea cósmica de esta intersección planetaria: conduce justo a ti. Sí así lo decides ______ [inserta de nuevo tu signo astral], en este momento puedes, con sólo pedirlo, convertirte en cualquier persona del mundo. Cualquiera ______ [de nuevo inserta tu signo astral]. Pero las misteriosas obras de los astros piden un precio a pagar: olvidarás tu vida, olvidarás quién eres ahora; serás completa y únicamente esa otra persona. ¿Qué dices?… Piénsalo; no te tardes ______ [otra vez tu signo]. Pero sobre todo mucho, mucho amor".

¿Por qué motivos le dices a Walter que mejor se vaya a la chingada?

El artista coreano Nam June Paik (1932-2006) es considerado el padre del videoarte y precursor de la música electrónica. Su obra es vasta, con instalaciones célebres como *The More the Better* (1988), una torre hecha con 1003 monitores de televisión que trasmiten simultaneamente programas de 12 países; o *Video Flag* (1985-1996) donde 70 pantallas forman una enorme bandera estadounidense coloreada por videos sincronizados con referencias a la política y cultura norteamericana. A June Paik se le acredita haber extendido el vocabulario del arte, haciendo de los medios y sus transmisiones elementos escultóricos. Al convertir los medios en un recurso para la creación artística alteró valores estéticos, desafiando la pasividad del espectador. Aunque su obra incluye piezas monumentales como las antes mencionadas, hay una pieza relativamente sencilla que le ha valido una gran respuesta.

En 1974 June Paik realizó una instalación intitulada *TV Buddha*: la estatua de un Buda en postura meditativa frente a la cual colocó un circuito cerrado de video. La cámara, dirigida hacia la estatua, transmite directamente a la pantalla; así, el Buda parece mirar su propia imagen. Mira cómo se ve mirándose mirarse... *TV Buddha* puede leerse desde muchas perspectivas. De entrada, puede tomarse como una reflexión

sobre la relación entre la conciencia y la tecnología;[14] considerando que la cámara al registrar su entorno refleja la manera
en que nuestra conciencia registra nuestras experiencias. La
conciencia, al igual que la cámara, es receptividad pura.[15]
Algo así como una esfera de cristal que exhibe los colores
a su alrededor, pero que no tiene color por sí misma. Tal
como la cámara y la mirada de la estatua forman un circuito, el
registro consciente de nuestras experiencias se configura también como un circuito. En otras palabras, la conciencia es auto-
reflexiva. No se es consciente de nada si no se es consciente de
ser consciente de ello...

La naturaleza auto-reflexiva de la conciencia implica que
hay un registro aparte de cualquier percepción e incluso de los
estados mentales. Un registro que da cuenta no sólo de los estímulos, sino también de la recepción de éstos.[16] De tal suerte,

---

[14] Más si consideramos que el mismo año en que presentó *TV Buddha*, June Paik, en
otra exposición en Colonia, ocupó él mismo el sitio de la estatua. En este caso hay una
cuestión *cyborg* donde se juega la relación entre el cuerpo (y los sentidos) con la tecnología. Vale la pena observar que en 1994 June Paik reinterpretó esta pieza en *Buddha
Re-Incarnated*, donde la estatua del buda se conectó a un monitor de computadora por
medio de un auricular telefónico. Son modos de indagar y representar la entrañable
relación entre la mente y el entorno. También produjo una reflexión sobre la comunicación en *tiempo real* (o lo que Baudrillard denominó el *éxtasis de la comunicación*, donde
las comunicaciones se aceleran tanto que dejan de comunicar *per se*, salvo la euforia de
su estimulación constante).

[15] Cabe aclarar, de una vez, que el uso de la palabra "conciencia" en este caso no es
una referencia a un código moral internalizado, al estilo Pepe Grillo, como "la voz de
tu conciencia". En este caso, y en el transcurso del texto, "conciencia" se refiere al
hecho de registrar experiencias sin ninguna connotación ético-moral. En inglés sería
"consciousness" y no "conscience".

[16] Esto me remite a cuando se pone el radio en función *scan*. Se detiene en cada
estación por 20 segundos, para así *samplear* y poder escoger qué estación escuchar.
Después de reconocer la melodía, a la par que se considera si gusta o no la canción
para la ocasión, hay un instante en que se percibe cómo sería nuestra experiencia
con tal canción sonando. Es decir que por un instante vislumbramos no sólo en qué
estado nos pondría esa canción sino también que la percepción y la conciencia como
tal son mutables.

es imposible localizar la conciencia por completo, porque al "localizarla", en ese momento se le registra desde otro punto. Podríamos entonces figurar la conciencia como una *banda de moebius*. Siendo que no es posible paladear la conciencia por sí misma, sino únicamente al sesgo o en ciertos momentos de paralaje. Como por ejemplo cuando percibimos la ausencia de conciencia en un cadáver y justo ahí figuramos, por un instante, aquel alumbramiento del mundo que es nuestra conciencia. De pronto, ante un cadaver es palpable esa luminosa recep-tividad transparente de los vivos, sin la cual no puede decirse que el mundo existe.

TV Buddha también delibera sobre la dirección de nues-tra mirada, ya sea que se dirija hacia el mundo exterior o hacia la interioridad (la observación del entorno o la introspección). Pero más aún, trata sobre el inevitable batidero que hacemos de estos ámbitos en nuestras vivencias. La pieza considera el creciente asedio de los medios y el modo en que al relacionar-nos con sus contenidos nos proyectamos en ellos —mientras éstos, a su vez se proyectan en nuestro interior—. Al ver la TV nos imaginamos vicariamente en tantas situaciones, em-patizando, sin querer, con tantos personajes. Habitamos la piel (o lo que suponemos es la piel) de actores y actrices pre-tendiendo vivir ciertos dilemas; mientras las tramas que ellos atraviesan, nos ofrecen estructuras y matices para dar sentido a nuestras vivencias.

Finalmente, *TV Buddha* presenta una crítica a la alienación que proponen ciertas religiones como respuesta a las vicisi-tudes de la vida humana. Versiones de la espiritualidad que en sus prácticas buscan acceso a una suerte de trance; un aislamiento donde el practicante se inmuniza del mundo por medio de una enajenación trascendental. Cosa que también se conoce como solipsismo, o comúnmente como ensimismamiento.[17] *TV Buddha* exhibe ese afán por la salvación como una absorción *freak*.

Quizás el impacto inmediato que provoca esta pieza deviene de su eficacia para evidenciar, y así perturbar, la estructura del Yo. Dicha estructura podría resumirse con la siguiente premisa: la experiencia del mundo no es igual cuando se está en relación directa con el entorno que cuando tal relación se ve mediada por la imagen de uno mismo. El Yo es mirar al mundo *a través* de una imagen de sí mismo. Es como si portaras lentes oscuros con una foto tuya impresa sobre el cristal. (Seguro que hacen de esos lentes en algún *stand* en el centro comercial). La cuestión es que no se registra al mundo como tal sino que se le mira con esa imagen distorsionada de uno mismo atravesada.[18] En este sentido, el Yo es un reiterado intento por reafirmar su propia existencia —de sí mismo, para el sí mismo que supone reiterar—. La pregunta es, ¿por qué tal insistencia? Digo, de no haber lugar para la duda de su solidez, no haría falta tal insistencia.

Dentro de las tradiciones budistas el Yo se describe como efecto de un proceso de rebuscamiento. Elaboran este proceso por medio de la teoría de los *skandhas* ("agregados" o "fardos"

---

[17] Resulta peculiar y desafortunada la apropiación histórica de la figura del Buda. La palabra "Buda" sencillamente significa "despierto", sin embargo, generalmente se le considera como símbolo de una interioridad absorbente. Poco dista esta versión del Buda de aquel "sentimiento oceánico" que Freud cuestiona al principio de su *Malestar en la cultura*. En tales casos se admira al Buda como portador de un "traje de foca", de modo que todo se le resbala: nada le afecta, nunca pierde el *cool*. Cuestión que asocio, inevitablemente, con lo que Freud llamó *principio de Nirvana* o la inclinación hacia una *stasis* total. Me hace pensar en Kurt Cobain, su consumo de heroína y su suicidio.

[18] Lacán desarrolla una versión de esto en lo que denominó la *Etapa del espejo*, donde presupone la primera vez que un niño mira su propia imagen en un espejo. Al verse, genera una imagen de sí mismo, una imagen que parece completa y cohesiva en contraste con la fragmentada y dispersa experiencia interior que tiene.

en sánscrito). La teoría plantea cómo se van sumando factores para producir el efecto del Yo. Es parecido a un vistazo detrás y debajo del escenario para observar los elaborados artefactos, espejos y humo que utilizan Criss Angel o David Copperfield (en su momento) para un buen *show* de magia. Algo así como el programa televisivo *Breaking the Magicians Code: Magic's Biggest Secrets Finally Revealed* (1997-1998, 2008-2009), donde cada episodio muestra los artilugios utilizados en distintas ilusiones famosas. Sólo que en este caso el truco no deja de apantallar, porque el truco eres tú (Yo).

El proceso de los *skandhas* se divide en 5:

1. Forma
2. Sensación
3. Percepción
4. Concepto
5. Conciencia

El primer *skandha*, Forma, se refiere a una separación elemental con el entorno: aquel modo de con-formar nuestras experiencias como si en vez de estar inmersos en el mundo, estuviésemos *frente* al mundo. Eso es el Yo: la ilusión de estar *fuera* de la experiencia y no *en* ella,[19] como si fuésemos testigos y no implicados. Sucede por reflejo: como reacción a la abrumadora intimidad del mundo, brota una división sujeto-objeto. La experiencia desnuda —en vivo y a todo color— resulta practicamente traumática. Para tolerar su vividez, se forma una imagen de sí mismo y otra del mundo; imágenes delineadas, estériles. "Yo soy esto, el mundo es esto otro". Es parecido a tener la sospecha de que algo es demasiado bueno para ser cierto, y entonces vas y lo arruinas.

---

[19] Similar a cuando en el *sitcom* adolescente *Salvados por la campana* (1989-1993), el protagonista Zack (Mark-Paul Gosselaar), para lidiar con una situación abrumadora, congelaba el tiempo. Una vez congelado el tiempo, Zack formulaba y daba inicio a sus planes, *como si* estuviera afuera del flujo del mundo.

Pero esto no logra sostenerse por mucho tiempo, es un mero reflejo, una reacción. Necesita reafirmarse, validarse reiteradamente. Como quien le pregunta a su amante si el sexo estuvo bueno, y no importa qué le responda éste, jamás termina de creerle. Así es el proceso del segundo *skandha*, se repite el contacto con ese mundo de objetos para asegurarse de que aquí sigue ese Yo que lo atestigua. Es como tocarte la cartera una y otra vez en el metro para confirmar que sigues siendo una persona con cartera. Por eso el segundo *skandha* se llama Sensación, porque se basa en los sentidos para reiterar la sensación de separación fundamental con el mundo.

Esto también resulta algo primitivo y no logra sostener la ilusión del Yo por completo. Así que se agrega el tercer *skandha* (Percepción) donde comienza a haber una fijación por las cualidades de los objetos del mundo. Se ha congelado al mundo en objetos, con un sujeto que los observa como si estuviera aparte de éstos, luego se reafirma el contacto con ellos y encima comienza una fijación con las propiedades de esta dualidad. Algo muy básico: agradable / desagradable / indiferente. Es parecido a ver un extraño aproximarse en la calle, y antes de que se vuelva clara su figura (quién es) la mente busca situarlo como amigo o enemigo o inconsecuente, para determinar si saludar, atacar o pasar por alto. La diferencia fundamental es que no es una cognición directa del mundo sino una interacción con una versión rudimentaria de éste.

A esto se suma el cuarto *skandha* (Concepto), donde a estas cualidades básicas (*like* / *no-like* / no me importa) se les comienza a atribuir nombres y asociaciones. Dejan de ser meros objetos con cualidades básicas que atraen o repelen; se agregan ideas sobre estas cualidades. "Me gusta por esto y lo otro", "me desagrada por que lo asocio con esto y aquello", "me da igual por tal o cual motivo", etc... Así se empiezan a elucubrar todo tipo de historias sobre el mundo y nosotros y nuestras interacciones con los objetos, etc. El quinto *skandha* es sencillamente cuando esto se convierte en una realidad para el sujeto en cuestión, en un estado de *conciencia*. Es, en otros términos, confundir al mundo con una historia sobre éste; a cambio de una cognición directa (válida), nos quedamos con un chisme.[20]

En este caso el chisme eres tú (Yo), un chisme que se cuenta tanto que parece verdad. El esfuerzo que se hace por mantener la relación con ese mundo de (cuentos sobre los) objetos, eso es el Yo. La teoría de los *skandhas* propone que al concebir al mundo como objetos, simultáneamente se condensa la idea de un observador. Ocurre una *cosificación* de la experiencia viviente. Debido al reconocimiento de patrones que como especie hemos desarrollado para sobrevivir, tenemos cierta aprehensión por predecir al entorno. Así, se reduce la experiencia viva a fórmulas, donde los factores son objetos delimitados y aislados. Objetos, y nosotros incluidos, investidos de una supuesta esencia propia, como si no dependieran de una intricada relación con un sinfín de causas y condiciones. Como si el origen no fuese vasto e incierto. (Sólo considerar la infinitud de factores que tuvieron que coincidir para que pudiese desayunar esta mañana, resulta vertiginoso). Un mundo de objetos dispuestos como herramientas para lograr un fin posterior. La intimidad (la inmediatez) de la experiencia viviente queda de lado a cambio de un resultado

---

[20] Algunas escuelas budistas proponen que la práctica de la meditación invierte el proceso de los *skandhas*. Al sentarse a meditar uno llega en el estado en que está, tomando cuenta gradualmente de este estado. Al continuar la práctica se observan las historias que pasan por nuestra mente, el flujo de pensamientos, con su ritmo y narrativa. Al seguir regresando la atención a la respiración (algo inmediato y directo), comenzamos a palpar cómo estos patrones de pensamiento nos enganchan (aquí ya vamos en el tercer *skandha*). Sucesivamente reconocemos estos intentos por reafirmar al Yo por medio, incluso, de la misma práctica, una conciencia de "estar meditando" con objetivos. Así, se llega a disolver la noción de un observador en la misma respiración, para sencillamente "estar presentes", digamos.

futuro continuamente pospuesto y jamás del todo satisfactorio. Al habitar un reino de herramientas nos convertimos, a su vez, en otra herramienta. Catafixiamos el *ahorita* por el *al ratito*; la duración necesaria para insertar un Yo.[21]

Para perpetuar el chisme del Yo hacemos de nuestros hábitos mentales una forma de entretenimiento: dilemas irresolubles que intrigan, insatisfacciones perpetuas que calan, patrones que se repiten y reafirman cíclicamente. Nos irritamos con el mundo y entre más nos irritamos más irritables nos ponemos; cuanto más anhelamos algo más lo concebimos como inalcanzable y por ello más lo anhelamos. Se elabora de este modo una *self-fulfilling prophecy*, donde en vez de experimentar la naturaleza del mundo nos dedicamos a confirmar nuestras predicciones sobre éste. Miramos sólo para validar nuestras teorías sobre el mundo, ya no con curiosidad. Pero las experiencias que tenemos nunca

---

21 Hay otra manera de entender los *skandhas*, como un grupo de elementos que producen la ilusión del Yo:

> **Forma**: incluye no sólo el cuerpo en sí, sino además la propia imagen que se tiene de éste. El cuerpo material y los órganos sensoriales.
>
> **Sensación**: toda la información que se recibe a través de los sentidos, incluyendo la mente que recibe el flujo de pensamientos. Si un objeto es agradable, desagradable o neutral.
>
> **Percepción**: el modo en que estos estímulos se registran, para convertirse en objetos reconocibles (y predecibles). La respuesta básica a la sensación que se tuvo (atracción, rechazo, indiferencia).
>
> **Concepto**: Las representaciones que se generan a partir de los estímulos. Hábitos mentales, prejuicios, opiniones, asociaciones, ideas.
>
> **Conciencia**: La conciencia que registra y responde a los estímulos y las representaciones de éstos.

En el Samyutta Nikaya, el Buda analiza estos *skandhas* en busca de alguna esencia, *vis a vis* un Yo. Para ello utiliza como analogía una carreta: buscar la esencia de una persona es como buscar la esencia de una carreta. Plantea que si desmantelamos pieza por pieza la carreta, no podremos determinar en qué preciso instante deja de ser una carreta; igual que si vamos desmantelando a una persona (*skandha* por *skandha*) no podemos determinar en qué momento deja de ser una persona. Entonces, si la carreta se compone de piezas, la carreta no se hace de una sola de las piezas, tanto como no es algo aparte de las piezas. Como diría Cantinflas: "¡Ahí está el detalle! Que no es ni lo uno, ni lo otro, sino todo lo contrario".

acaban de encajar en nuestra versión de ellas: si el mundo fuese una fórmula, sería una ecuación repleta de números irracionales, y algo más.

En *Hardcore: Pleasure, Power and the Frenzy of the Visible*,[22] Linda Williams propone una cuestión similar en torno a la sexualidad humana y sus expresiones en video. La pornografía en video busca vender y para hacerlo excita principalmente a través de los ojos. Con este fin procura ofrecernos evidencia visual del placer, acomodando las tramas de las películas hacia esta evidencia. Williams analiza películas de la era dorada del porno,[23] grandes clásicos que llegaron al *mainstream* convirtiéndose en referentes culturales populares, tales como *Deep Throat* (1972), *Behind the Green Door* (1972), *The Devil in Miss Jones* (1973), *The Opening of Misty Beethoven* (1976), *Café Flesh* (1982)... En su análisis considera el modo en que estas películas formulan al deseo como un problema.

Para lidiar con algo tan escurridizo como el deseo (¿qué es el deseo?) estas películas le dan una estructura narrativa: es un problema que debe resolverse. *Deep Throat* es un caso ejemplar: la protagonista, a pesar de ser sexualmente activa e incluso propensa al sexo, no logra, dice ella, "oír campanas"; tras compartirle esto a un médico, dedica el resto de la cinta a buscar, encontrar y confirmar una solución a su dilema. Así es el Yo: un problema inventado para no lidiar con algo, digamos, escurridizo: la naturaleza de nuestra experiencia viviente. En tales películas se plantea al deseo como un problema a resolverse, esta visión es una coartada para no asumir la naturaleza

---

[22] Linda Williams, *Hardcore: Power, Pleasure, and the "Frenzy of the Visible"*, UC Press: 1989, USA.

[23] La llamada "Era Dorada del Porno" ocurre de finales de los 1960s hasta mediados de los 1980s. En los 80s por cuestiones tecnológicas el porno se comienza a vender en video casero, y por ende su mercado se divide en nichos mas ya no en grandes narrativas.

inefable del deseo. Plantearlo como un problema es un intento por darle forma (la forma de un problema con todas sus implicaciones) a algo que no tiene, *per se*, forma. Aunque suene mareador. Simular al Yo como un problema es también un modo de evadir su naturaleza ilusoria. Como dice uno de los celebres *koans* de Groucho Marx: "El secreto del éxito se encuentra en la sinceridad y la honestidad. Si eres capaz de simular eso, lo tienes hecho".

Comoquiera, no son escasas las propuestas para reafirmar al Yo. Se le conoce también como *alma*, cuando lo quieren exaltar, o *ego*, cuando lo buscan desbancar.[24] Ambas son versiones de una esencia personal; la noción del alma suele ser poco más que un Yo al extremo —una esencia inmaterial sin fecha de caducidad—. Funciona generalmente como un modo de negación ante la fragilidad del cuerpo y la angustia que provoca la muerte. Es creer que porque algo no te gusta, dejará de existir;[25] como un videojuego donde, por más balazos que le den a tu personaje, tú sencillamente no mueres, sólo el personaje (eventualmente); en este caso el alma sería el jugador y tú el personaje.[26] A diferencia del alma, considerada como una

---

[24] Salvo que sean Freudianos, en cuyo caso el *Ego* tiene un sentido específico como negociador entre un principio de placer y un principio de realidad. En el caso de la teoría freudiana, el Yo es un síntoma pragmático, un efecto especial moldeado por la tensión entre pulsiones y realidad. En sentido estricto, ya que es un síntoma, tampoco existe.

[25] Cuestión francamente psicótica; una estructura mental psicótica deriva de una forclusión de la castración. Es decir que se suscita al negar los límites que la realidad impone a nuestros deseos. Negar la muerte —y nuestra ignorancia al respecto— es negar el más certero límite.

[26] Aquí cabe una nota sobre los usos de la palabra "soul". Por una parte, en inglés se utiliza para referirse al alma, como esa supuesta esencia inmortal de una persona; por otro lado, "soul" se refiere a un género musical, pero más específicamente a un potente afecto, una especie de gracia dotada de un claro sentido de conexión con el mundo. La diferencia crucial reside en dos tipos distintos de comunión: mientras que bajo el concepto de "soul" como entidad independiente y eterna, la comunión es una abstracción para conectar con un espíritu trascendental; del otro modo, "soul" alude a una comunión con este mundo en toda su espléndida y efervescente inmediatez.

pureza divina, al ego se le considera un pobre diablo basado en el egoísmo, en el interés individual a costa de un colectivo.[27] Amén de las campañas políticas o tradiciones espirituales que intentan desmantelar este ego y borrarlo de la faz de la tierra (cobrando un buen billete de paso). Igual que el alma, el ego se considera como una esencia personal, algo intrínseco que nos define. Pero estos intentos místicos o políticos por derrocar al ego suelen hacer poco más que solidificarlo; al batallar contra ese ego, reifican un ego observador que busca vencerse. Mientras más lo figuran como un oponente, más sólidamente lo confirman. Como en *Entrega Inmediata* (1963) cuando confunden al cartero, Cantinflas, con un espía:

—No corra.

—Pos no me persiga.

El maestro tibetano de la meditación, Chogyam Trungpa, decía al respecto de este dilema: *el ego quisiera asistir a su propio funeral, pero no puede.* Así se las gastan tantas versiones de la espiritualidad: la idea es estar ahí cuando desaparezca el ego, para atribuirse la derrota del ego como trofeo. Es como suicidarte pero seguir ahí después, para ver si resultó conveniente y cerciorarte de que todos te extrañan y se arrepentien. En Corea del Sur, para hacer frente a los altos índices de suicidio han optado por aplicar métodos dramáticos para disuadir a posibles suicidas. Una organización, por ejemplo, se dedica a simular funerales. El cliente debe, primero, escribir una carta despidiéndose del mundo y de sus seres queridos para luego atestiguar su propio dizque funeral. Se monta todo el

---

[27] Mientras que el Alma es una construcción *eternalista*, en tanto que se considera el Alma como una esencia indestructible con una continuidad eterna; el Ego, más bien, tiene bases *nihilistas*, en cuanto se considera como existente en contraste con una nada en la que habrá de convertirse al perecer.

show, con rito religioso, familiares en llanto, flores, velas y demás. Terminada la ceremonia, se llevan al cliente dentro del féretro, mismo que se cierra, amartillando clavos en la cubierta y toda la cosa. El suicida en potencia se queda solo en esa claustrofóbica oscuridad para reflexionar sobre su vida ante la muerte. Contemplar la muerte es una tarea sensata, si no indispensable para considerarse humano, reflexionar sobre la finitud de nuestras vidas. Y claro, se puede simular el vértigo ante la proximidad de la muerte pero no puedes asistir a tu propio funeral.

Tomas tu primer sorbo de café por la mañana y decides leer el horóscopo. Algo bizarro sucede: el horóscopo está dirigido a ti. Las predicciones de tu signo están personalizadas, con tu nombre y datos muy específicos. Los otros 11 signos están llenos de sugerencias de cómo deben tratar contigo las personas de cada signo. Ya que se pasa un poco la primera oleada de paranoia, llamas al periódico. Tras mentarte la madre por tus preguntas raras, te aseguran que los horóscopos los redacta al azar un programa de computadora. Ya por la tarde, a pesar de tu escepticismo, comienzas a notar que, de hecho, todos están actuando en función a ti, tal como lo determinó el periódico. Después de un mes de esto, la incomodidad se acumula y consideras pegarte un tiro.

¿Por qué ser el centro del universo no resultó tan satisfactorio como esperabas?

[ASÍ SOY (INCONSCIENTE), ¿Y QUÉ?]

A:

B: Desde el diván podía ver un cuadro en la pared, el retrato de una mujer holandesa —según yo—. Está sirviendo copas
en la barra de una cantina. Se ve bien el garito, a gusto, con
luz tenue y gente pasando el rato; y el cuadro tiene una buena
ejecución, con un espejo detrás de ella que refleja el local y
copas de cristal colgando sobre la barra... Yo no sabría cómo
pintar algo que parezca espejo o cristal. Se me antojaba una
de esas cervezas que se ven sobre la barra; y obvio asocio la
cerveza con las tetas de la holandesa... Con sus pezones tersos
y aduraznados... Tiene ojos despistados, hacen que parezca que
está pensando en otra cosa. Eso me gusta.

A:

B: Detesto frases como "todo pasa por algo"; esos modos en que buscamos consuelo en un sentido divino detrás
de todo cuanto acontece. No puedo con esa idea de que todo
tiene un motivo ulterior incomprensible pero a fin de cuentas misteriosamente ordenado. Se me hace muy *forever*. Pero
claro, cuando algo resulta placentero después de un desatino,
entonces parece que de nuevo todo era "por algo". El que todo
tenga una causa no implica que todo tenga una razón, eso ya
sobra... Lo peor de este tipo de frases es que el confort que

ofrecen proviene de creer que tu vida es un teatro de marionetas donde todo ya ha sido preestablecido en una suerte de pedagogía divina. Intenta reducir la complejidad del mundo a una serie de lecciones cuadraditas; todo lo que puede concebirse en una vida se ve limitado a fórmulas chafas de superación personal. Es como querer que el universo entero quepa a fuerza en un libro de Paulo Coelho. No jodas.

A:

B: En este caso no te manosean con aceite de coco a luz de vela, pero estás exponiendo tu mente. Implica un grado de intimidad o algo así y por ahora prefiero que sea mujer. Aunque en el diván no ves a la persona con quien hablas, sólo escuchas su voz. Supongo que esa es la idea. No ves las reacciones o gestos que tiene la analista... Estuve mucho tiempo mirando el techo, observando cómo pasaban por mi mente distintas maneras de comenzar a hablar. Y además pensaba en que me podría quedar callado ahí, toda la sesión tratando de hablar y de todos modos me cobraría.

A:

B: Porque cuando alguien te dice que seas *tú mismo* sólo logra ponerte sobre-consciente de *ti mismo*, a tal grado que te vuelves raro para ti. Además te obliga a pensar en qué idea tienen de *ti* cuando dicen eso. ¿Quién quieren que seas? Porque seguro tienen una idea de cómo es ese *tú mismo* y cómo esperan que te comportes. Es molesto. Y entonces tratas de ser auténtico o muy tú, digamos, pero sale forzado. Se jode la espontaneidad, tratando de ser espontáneo a propósito.

A:

B: Como si pusieran tus pensamientos con efecto de eco en las bocinas del supermercado. ¿Te imaginas, tratando de recordar tu lista de compras, revisando piñas y escogiendo un cereal, mientras te escuchas todo raro en las bocinas al mismo tiempo? Escuchaba todo lo que pensaba como una voz ajena: palabras, imágenes, signos... a veces hace sentido todo ese ruido y a veces no. Y me empecé a preguntar por qué tengo tanta aprehensión por ese flujo mental; por qué tantas ansias por tratar de controlarlo, de ajustarlo a una imagen de mí. Además es bizarra esa imagen propia y lo pienso en relación a eso del narcicismo. Digo, hay personas a las que quisiera desaparecer por el simple hecho de que me dan la impresión de que se creen más chingonas que yo. En serio, no estoy a favor de la narco-violencia o las tiranías ni nada, pero desde mi narcisismo las puedo entender. Bueno, no entender, pero me lo imagino, así que a alguien se le escapa el más mínimo gesto de que se creen muy chingones y mocos, les rompes la cara con una metralleta.

A:

B: Lo asocio con una canción de Soda Stereo, por lo del diván y el extrañamiento. "Refugiados sobre el diván, buscándonos / Agitados por nuestras formas, buscándonos / Algo ocurrió, una extraña sensación, un presentimiento / Tuve que dejar de hacer el amor, en el momento / Fui en busca de un abrigo / Encendí un cigarrillo, tenía miedo". La canción, según entiendo habla sobre el fin de una relación, pero bueno, es el tipo de cosa que te puede llevar al consultorio de una analista. Además me hace pensar en cómo terminó el tipo que la canta. Como un Ícaro volando hacia un sol de fármacos, acabó repentinamente en coma... Esa imagen me gusta: la de un sol hecho de puras pastillas que giran y reaccionan con otras pastillas soltando destellos químicos... como si el cosmos entero estuviese completamente intoxicado. "Un misil en mi placard" se llama la canción... Cerati, después de tanto cantar y tocar guitarras distorsionadas en amplificadores gigantes, ahora lleva años en coma, en un silencio brutal, que dicen fue inducido por el coctel de drogas y viagra que se metía para seguirle el ritmo a su novia 20 años más joven que él. Yo no sabía que el viagra podía hacer eso. No lo creo, puede que sea leyenda urbana, pero sí ves más azuladas las luces cuando te tomas una.

A:

B: Sería un lío decir lo que sea que se te ocurra todo el tiempo. Mantener amistades sin mentir o al menos omitir ciertas cosas sería imposible. Pero en el diván de una psicoanalista, es justo el espacio para darle un lugar a todo eso... Todo ese enredo que es mi cabeza y que en cierta medida es mi vida. Por momentos puedes ver cómo se configura el sentido en tu mente; yo lo pienso como una textura que adoptan tus vivencias, como un *plugin*.

A:

B: ...la fragilidad del cuerpo (...cómo puede ser desbaratado el cuerpo por los elementos... lo pienso mucho cuando veo videos en internet con decapitaciones o accidentes en motos o madrizas callejeras); luego, el hecho de que somos mortales (que morir es inevitable, nos guste o no, opinemos lo que opinemos al respecto...); y, finalmente, que el mundo y la vida como tal, aunque juguemos a darles sentido, están más allá, o "más acá" si prefieres, del sentido o del sinsentido. Porque a fin de cuentas —y también detesto la frase "a fin de cuentas", pero a veces no puedo evitar decirla—, el sinsentido es también una forma de sentido.

A:

B: ¿No te pasa que a veces tienes una intención y vas y haces lo opuesto? O como cuando sales a comprar algo y compras todo menos eso por lo que ibas y sólo te acuerdas cuando cruzas la puerta de la casa, pero todo el tiempo tuviste esa sensación de que algo se te olvidaba. Yo recuerdo una temporada donde había sufrido una pérdida y entonces perdía cosas constantemente, mi teléfono, mi cartera... y aunque había días que no perdiera cosas, me asechaba la sensación de estar dejando algo. Tenía que regresar a todos los sitios a los que iba para revisar que no hubiese dejado nada. O, ¿por qué a veces deseas algo, y luego en retrospectiva observas que hiciste todo para evitarlo? Como cuando arruinas una relación sin siquiera darte cuenta; y sólo lo ves unos años después... y ya es muy tarde para cambiarlo. Es tan desconcertante cuando alguien se muere o una relación se acaba, porque es una conversación en la que ya no participas, todo un código con el que ya no te expresas; es un modo de ser y de ser reconocido al que ya no tienes acceso. Eso es triste, por más que te digan que "pasa por algo", o alguna otra estupidez del estilo.

A:

B: Todo eso que transita por la mente no sabemos de dónde brota, pero igual me creo que soy el que dirige y recibe esos pensamientos, aunque puede que yo sólo sea un síntoma de esa verborrea mental... Cuando Freud describe el inconsciente dice que es atemporal, que ahí no hay tiempo, que las cosas no suceden según la secuencia de eventos en tu vida. Dice también que en el inconsciente no hay contradicciones, o bueno, que sí las hay pero que no son contradictorias. Puedes desear y no desear algo al mismo tiempo y ambos sentimientos son genuinos. Y que no hay diferenciación sexual, y eso no lo entiendo, pero así lo dice. Lo otro es que propone que no hay negación, porque en el inconsciente, incluso al negar algo, lo estás mencionando, como cuando hablas mal de alguien pero a la vez lo acabas de volver tema de conversación.

A:

B: Después de lo de la holandesa pasé a hablar de que no quiero morir... bueno, más bien de cómo me angustia la idea de morir. Es de la chingada. Y comencé a contar un sueño que tuve: me estaban persiguiendo unos paramilitares por un crimen que según había cometido y ni siquiera sabía bien qué era. De hecho, más bien tenía la sensación de que me habían puesto un cuatro, como a Roger Rabbit. Y eso me angustia tanto como morir... en especial con los medios, con Internet, la TV, los periódicos... sería tan fácil inculparte de cualquier cosa, sembrar pistas falsas y luego hacerte una historia que todo el mundo creería. No sería difícil hacer que hasta las personas más cercanas a ti creyeran que eres un asesino satanista o un pederasta asalta bancos. ¿Si mañana te inventaran una historia así y saliera en los medios, con videos montados y cartas con tu letra y toda la cosa, quiénes en tu vida no lo creerían? Son contadas las personas. Puede que eso sea parte de lo que constituye la intimidad hoy en día.

A:

B: Pero no se puede, a lo más llegamos a tener buenos pretextos... En mi cabeza cuento todo lo que me pasa, casi como si no estuviese realmente pasando en vivo. Pero no es lo mismo ver un buen partido que escucharlo en la radio... y menos si tú estás jugando. No sé, es como tener un juego donde eres portero, pero tú sigues en el tráfico, en un taxi, escuchando el partido en AM. Un balonazo en los webos no es igual contado que vivido. Y es eso lo que está en juego: lo vívido que es todo lo que pasa. Esta constante narración puede que sea sólo un modo de describir o hasta incluso enriquecer las experiencias, pero también puede que sólo sea un modo de distanciarse o de pretender que no están sucediendo. ¿Cuándo fue la última vez que te dieron un balonazo en los webos? Es de la chingada estar ahí en el piso, tirado, sin aire, con todos mirándote, mientras te sobas las pelotas sin poder levantarte, esperando que pase el impacto. Ya después de un balonazo en los webos no te queda más que esperar, seas quien seas, porque por más que te sobes el dolor no se pasa hasta que se pasa.

A:

B: En un callejón sin salida, ¿o era un elevador?, no recuerdo, pero tenía un arma en la mano, una pistola, y la revisaba y veía que sólo quedaba una bala y tenía que decidir si mi última bala la usaría contra el enemigo o si tendría que darme yo el balazo, para que no me llevaran y me torturaran. Son raros los sueños en ese sentido, porque a ratos hasta parece que puedes predecir lo que va a pasar, pero no funciona del todo. Estaba muy nervioso, pensaba si iba a lograr que el enemigo me matara en una balacera, o cómo mejor ponerme el tiro para que no hubiera falla. Sentí asco imaginando la muerte... mi muerte. Y aunque se supone que para cuando muera ya estaré muerto y entonces no estaré ahí para saborear la muerte, en el sueño probé mi idea de la muerte: un asqueroso sin sabor: sin sentidos, sin vivencia, sin emoción, sin percepción, sin sensación... nada... es asqueroso.

A:

B: Sí, pero tampoco importa que no importe; es justo la obviedad lo que es interesante. Nada es realmente tan obvio... como lo que está pasando ahora, si lo piensas un poco, es bastante extraño... Tampoco tiene entonces que ser especial, supermilagroso... porque aunque resulta extraño esto de estar vivo, es lo que conocemos... es de lo que estamos hechos; por eso parece obvio. Y de no parecer obvio sería demasiado intensificado. Como la angustia existencial; ahí está de fondo, como el zumbido de la tele, a veces con más volumen y a veces parece no estar ahí...

A:

B: Esa donde le pide que sea cruel con él y dice "me hace tu maldad, feliz". Diríamos que es masoquismo o una forma de gozar del dolor o la humillación; a primera vista parece contradecir al sentido común. Lo que me gusta de la canción es que al menos asume que eso quiere, en vez de, disco tras disco como tantas bandas (Maná, por ejemplo), quejarse y conmiserarse sobre la incomprensión o la traición de una mujer. En general somos incapaces de tomar en cuenta nuestras propias motivaciones ulteriores. Somos humanos, también tenemos ganas de matar y de morir y de ser crucificados. Pienso, como caso extremo, en el *Münchausen syndrome by proxy*, donde las madres enferman a sus hijos... Les ponen cucharadas de destapacaños en la sopa y cosas por el estilo, para que los niños se la pasen enfermos y las necesiten... para seguir siendo indispensables para ellos... para alguien. Todos estamos traumados, la vida es traumática, pero no jodas, ¡destapacaños en tu sopa! Lo peor del caso es que sin asumir todos estos deseos contradictorios que tenemos, no hacemos más que ponerlos en marcha; pero sin darnos cuenta y sufriendo a cada paso del camino, para luego terminar culpando a alguien más. Al menos en la canción de La Cuca el tipo asume que le gusta ese dolor y de ahí la ventana de posibilidades amorosas se amplía... Lo que me pregunto es cómo se juegan estos impulsos en nuestra vida diaria; ¿qué pasa con toda esa contradicción? No se puede ir a otro lado, no es como que puedes decidir que ya no quieres ser parte del mundo, porque incluso cuando mueres te conviertes en vapor o polvo o comida de gusanos... todo eso está aquí de algún modo... y se juega de modo personal, pero también en los sucesos históricos, en la política y demás. Cuando veo las campañas políticas a veces pienso que en realidad queremos ser engañados, porque entonces el candidato que mejor pueda engañarnos debe ser muy astuto y sabrá hacer su trabajo. Pero así es; es parte de una economía libidinal.

A:

B: En ocasiones ayuda mucho una buena pastilla, pero los psiquiatras me dan la sensación de que te quieren arreglar y te miran así, como un problema para arreglar. Te esperaran con el bisturí en mano y claro, la factura, antes de saber siquiera qué te pasa. En una de ésas ni te pasa nada... Hace 10 años fui internado en una institución psiquiátrica... Me había metido muchas drogas... y una de ellas ni siquiera supe que me la había tomado; me enteré después de orinar en una frasquito, cuando me hicieron pruebas.

A:

B: También desprecio esa frase de "en el fondo"... Supone un modelo de profundidad... es una metáfora muy jodida. Implica que el inconsciente es algo muy adentro de ti, muy en las profundidades y entonces trae consigo un trato peyorativo para la superficie. Y a mí las superficies me gustan, como unos labios pintados... Eso de buscarle capas a las cosas son sólo ganas de que exista algo que trascienda la muerte. En serio que son ganas de ser tan especial que la muerte te excluya; pero hace que nada sea especial, porque el mundo entero se hace menos en contraste con una cosa abstracta y bizarra. El inconsciente no es un núcleo de cosas escondidas en el *fondo* de ti que vas a ir a sacar para ser mejor o más completo o algo así... Es el contorno de tu mente en este momento y no se encuentra en "el fondo" de nada; al contrario, en cierto sentido es todo lo que ves.

A:

B: Escoltado por un grupo de policías, en una ambulancia... Iba esposado a una camilla recibiendo inyecciones de vitamina B que me ponía un enfermero que más bien parecía soldado y además se parecía mucho a un tipo que me odia porque su novia me la chupó en la prepa. Además no sabía si estaba soñando o no y me cagaba de miedo de que el enfermero sí fuese el de la prepa y se vengara de mí. Aunque ese tipo de situaciones son aterradoras, hay una incredulidad, una negación, o quizá sea sólo un trazo de esperanza de que todo sea una broma...

A:

B: Prefiero no decir.

A:

B: Supongo que era triste, pero más bien sentía pánico... No se me pasaba el viaje que traía encima. Llegué al psiquiátrico, además de maniaco, convencido de haber descubierto ciertas cosas sobre la naturaleza de la realidad. Cosas que en esos momentos creía que eran muy importantes. Pasa cuando consumes muchas drogas junto con muchas lecturas; se te hace un desmadre en la cabeza... Recuerdo que una de las asistentes del psiquiatra me guiñaba un ojo repetidamente. Era muy confuso eso, encima de todo... ¿Te imaginas, estás ahí alucinando, todo desbaratado de la cabeza, y la asistente del psiquiatra te guiña el ojo? No podía dejar de creer que era una broma muy rara. Es difícil traducir esas experiencias, pero digamos que era algo entre psicosis y paranoia... Y tenía la sensación de que esa información fundamental que había recibido sobre el funcionamiento de la realidad sería borrada de mi mente en cuanto tomara el medicamento que el psiquiatra me había recetado. Pero me aterraba la idea de estar loco, o de pasar el resto de mi vida en un psiquiátrico... Es chistoso decir que alguien está "bien loco" porque es audaz o nervioso, pero cuando estás en una institución deja de ser tan genial eso de la locura.

A:

B: Para fines categóricos podríamos dividir eso de ser un *forever* en dos aspectos básicos. Primero se refiere a una suerte de pacheca permanente, como estar viviendo en un video de MTV lleno de secuencias gratuitas; el aspecto más rescatable de esto es un tipo de no-cooperación con ciertos paradigmas, pero no porque tengas una convicción opuesta o seas subversivo o una cosa así, sino porque estás demasiado frito para que te importe. El otro aspecto de ser un *forever* tiene más que ver con tomar refugio en teorías blandas que conducen a una actitud *laissez faire*, donde todo lo que pasa debes *dejarlo pasar*, porque todo pasa *por algo*. Y entonces nada debe ser forzado... es como esta idea de que vas a la deriva, sin rumbo, vagando por el mundo libremente, y claro, eso puedes creer, pero en realidad vas movido por causas muy específicas que ignoras... desconocer las causas de algo no es lo mismo a que no las haya. Entonces todo esto del *foreverismo* es un misticismo melancólico chafa, donde la idea es *dejar fluir* las cosas, borrando tus deseos de por medio. Además, en el *foreverismo* los deseos están condenados, porque no es *cool* tener deseos o ganas de algo... tampoco es *cool* querer ser *cool*, y entonces creen que es *cool* no ser *cool*, pero sólo se convierte en otra forma de *cool*, ¿me explico?

A:

B: Litio... pero para acabarla de chingar, el psiquiatra encargado se llamaba el Dr. Warner, y me hacía preguntas sobre el significado de dichos populares para verificar mis capacidades cognitivas. Me sentía como en esa caricatura de los *Animaniacs*, pero sin tantas risas... entre las preguntas capciosas y que yo asociaba el nombre del doctor con Warner Bros... Y en serio que me aterraba tomar el medicamento, juraba que me lavarían la cabeza o algo así si me tomaba la pastilla... pero era eso o estar encerrado mucho tiempo... y creo que eso terminó por aterrarme más.

A:

B: De hecho no recuerdo cómo acaba esa película, pero yo estaba considerando algo por el estilo: escribir sobre mi pierna un recordatorio de lo que pronto sería borrado de mi mente; quería tener un *souvenir* de esa información sobre la realidad que según había adquirido al abrir las puertas de la percepción. *Memento* se llama la película ésa. El protagonista tiene tatuajes por todo el cuerpo, y los tatuajes son claves para tratar de resolver un crimen a pesar de su amnesia. Lo cómico es que en el psiquiátrico había cámaras en todas partes, igual que en la película, supongo. Hoy es cómico sólo porque no sigo ahí; de otro modo no sería cómico. Me gustaría poder ver los videos de cuando estuve ahí encerrado; creo que sería una experiencia increíble. ¿Te imaginas, qué tipo de comprensión o qué tipo de compasión podría suscitar?

A:

B: Cuando otra paciente confirmó todos mis temores... me dijo exactamente lo que *no* quería oír. Fue muy desconcertante, porque ella me decía lo que yo estaba pensando. Con una exactitud sorpendente. Fue en la sala de TV del psiquiátrico; pasaban las noticias, y las veía con miedo de que saliera yo, de que me achacaran un crimen o algo así. Nadie le creería a un tipo en un psiquiátrico. No quiero entrar en más detalles... no me gusta; pero entre las cámaras y la confirmación de mis temores tuve un vértigo horrible y salí corriendo del cuarto de TV, me acosté en mi cama y empecé a hacer respiraciones. La paranoia no se aguanta a sí misma, fue un punto de quiebre. En ese momento o enloqueces totalmente o empiezas a salir. Si dudas hasta de tus dudas, acabas por pasar a otra cosa. En serio, a veces pienso que esa paciente no era una paciente y que era parte del *staff* del psiquiátrico, como en un plan más experimental. Aunque puede que eso sólo sea mi paranoia.

A:

B: ...incluso en un estado alterado existe la posibilidad de entrever la naturaleza de tu mente... Y eso es una invitación a la sanidad... De hecho, quizá los estados alterados sólo sean invitaciones más coloridas. No sé. De reojo, al sesgo, pude percatarme de cómo las vivencias van modificando los estados de mi mente y que la mente es una receptividad absoluta. Podía entrever la pérdida de un estado mental, de un modo de entender el mundo, de toda una textura vivencial. Eso era lo que me angustiaba: no tener piso.

Terminando de cenar, pasas al baño y, mientras te lavas las manos, de súbito se aparece Amira en el espejo. Te espantas, pero confirmas que en efecto, ahí está Amira, vestida en su atuendo de adivina de tianguis (turbante con diamante y hielo seco a su alrededor y todo). Levanta la ceja y te informa sobre el siguiente dilema:

Recién hubo un fallo en el continuo espacio-tiempo; una mera falla técnica, pero tu vida peligra. La conciencia de tu padre ha sido sumergida en un vórtice de antimateria. Por cuestiones también técnicas (que Amira no puede explicar ahora), si quieres seguir con vida deberás viajar en el tiempo para ocupar el cuerpo de tu padre y preñar a tu madre en su luna de miel. Tienes los próximos 20 minutos para hacerlo o para comenzar a desvanecerte. Y no, nadie más puede hacerlo por ti; debido a la conexión genética particular que tienes con ambos, las leyes físicas dictan que sólo tú puedes hacerlo.

Explica tus motivos para aceptar tan perturbadora tarea.

[EXPERIENCIA DE USUARIO]

Pronto habrá más peleas de androides que de perros. Eso espero; tengo mucha afinidad por los perros (también pronto habrá más androides que parezcan perros). Ver madrizas de androides será un buen espectáculo, muy al estilo Monster Trucks, donde destruyen autos con camiones masivos que parecen sacados de un tributo metalero a Stephen King. En el caso androide, el *show* contará con ojos láser, pezones que lanzan dardos explosivos y puños voladores de mercurio... Los ratings aumentarán conforme los androides más asemejen humanos, y otro tanto según asemejen celebridades. Aunque esto no evitará que haya quienes sigan asistiendo a ver humanos jugar ruleta rusa por unos dólares, sí habrá peleas entre androides basados en figuras históricas y míticas: Pancho Villa Reloaded contra Electro-Minotauro Megameco 3000. ¿Te imaginas una batalla a muerte entre Benedictron XVI y Chespirito Terminator?

El término "inteligencia artificial" es peculiar, y me intriga cuando no estoy enajenado en otra cosa. Al respecto, quisiera resaltar un video: "Hod Lipson: Robots that are 'Self-Aware'",[28] donde Lipson, investigador en Cornell University, presenta los resultados de una serie de experimentos con ro-

---

[28] http://www.youtube.com/watch?v=lMkHYE9-R0A

bots denominados autoconscientes. Estos robots, según explica Lipson, han sido programados, con algoritmos y demás, de tal suerte que pueden aprender por cuenta propia. Fundamentalmente, la cosa con estas máquinas es que pueden vislumbrarse, y de ahí formar una noción de sí mismos, de cómo son: es decir, son autoconscientes.[29]

En el video, Lipson coloca estímulos para los robots y éstos a su vez aprenden a obtenerlos, según "entienden" su propia estructura y entorno. Vemos un robot con cuatro piernas, su progenitor lo enciende, el robot se entiende a sí mismo en relación al estímulo y va tras él. El robot podría, según lo vemos desde afuera, utilizar sus cuatro patas de modo ordenado para obtener el estímulo. Lo peculiar es que el robot no usa las cuatro patas como uno se imaginaría, (levantando las patas y caminando sobre las puntas para moverse con agilidad), como lo haría una araña. El robot, en cambio, se empuja con dos de las patas y las otras dos las coletea como un delfín en Rivotril. Lo mueve su atracción por el estímulo; con base en eso organiza sus movimientos y su concepción de sí mismo.[30] Dado suficiente tiempo puede que el

---

[29] Esta era una de las premisas del clásico *manga ciber-punk* "Ghost in the Shell" de Masamune Shirow. Con la diferencia que en "Ghost in the Shell" ocurre espontáneamente un brote de conciencia en la red; entre todo ese mar de código emerge una subjetividad que registra al mundo y se expresa en él. Es un modo mitológico, genial, de figurar nuestra propia conciencia humana.

[30] Cuando se ven privados de estímulos externos, este tipo de robots (autoconscientes) se replican. En este experimento, Lipson enciende robots autoconscientes y les da más piezas, pero no un estímulo externo; en respuesta los robots se replican, haciendo estructuras idénticas a sí mismos. Este hallazgo presenta un eje para reflexionar sobre el narcicismo, en cuanto a la clausura de la otredad y la manera de verse reflejado en todo, o que todo sea un reflejo de uno mismo. Lo paradójico es que las teorías que tanto defienden la otredad no hacen más que esterilizarla. Y en este sentido el multiculturalismo tiene muchas semejanzas con las sectas que censuran la otredad, sólo que en el caso multiculturalista se censura prescribiendo una versión neutralizada de la otredad: donde el otro sólo es diferente en algunos detalles particulares pero *en el fondo* están de acuerdo en "lo fundamental".

robot aprenda a utilizar su estructura de manera óptima. Al verlo me hace pensar en la relación que tenemos cuando somos bebés con el pecho de la madre... y luego el mundo entero.

Es extraño mirar a estos robots moverse así, arrastrándose por cuenta propia. Lo raro es pensar en las maneras en que seguro yo hago lo mismo. En otras palabras, aquellas maneras en que mi concepción de mí y del entorno están distorsionadas por el ímpetu. El modo en que entiendo mi experiencia —el funcionamiento de mi mente, cuerpo, los demás y el mundo— es bastante bizarro. Pero es lo que es. Me refiero no sólo a la tremenda capacidad de auto-engaño del ser humano, sino a lo necesario que resulta éste para sobrevivir. De no ser por esta capacidad la mayoría no seguiríamos con vida; no hubiésemos podido sobrellevar muchas adversidades. Aunque por otra parte, de estar libres del auto-engaño, hubiésemos tenido menos desilusiones. De nada sirve menospreciar al auto-engaño. Además, intentar oponerse a ello es uno de los auto-engaños más rebuscados. La percepción y la realidad, aunque entretejidas, no siempre empatan, pero no siempre importa.

Aquí vale la pena considerar el Efecto Dunning-Kruger, cuyo descubrimiento mereció un premio Ig Nobel[31] y describe el siguiente fenómeno psicológico: las personas incompetentes creen ser más competentes de lo que son, mientras que las personas competentes asumen ser menos competentes de lo que son. En el primer caso ocurre una falta de meta-cognición ante las deficiencias de la propia "chingonería". Es decir que el individuo en cuestión se cree más chingón de lo que es, debido a su incapacidad para imaginar más chingonería que la

---

[31] David Dunning y Justin Kruger fueron ganadores de este premio —parodia de los nobel— en la rama de psicología en el 2000, por su reporte "Unskilled and Unaware of It: How Difficulties in Recognizing One's Own Incompetence Lead to Inflated Self-Assessments" [Incapaz y sin saberlo: cómo las dificultades en reconocer la propia incompetencia conducen a valoraciones infladas de sí mismo].

suya; desprovistos de mayor capacidad reflexiva, sus juicios sobre su chingonería se limitan a sus reducidas capacidades. En el segundo caso, como sí cuentan con esas capacidades meta-cognitivas (de reconocer sus propios procesos cognitivos), dan por hecho que así es para todos. En otras palabras, asumen que mucho de lo que entienden es igual de evidente para los demás. En ambos casos hay un fallo en la percepción sobre uno mismo en contraste con los demás.

El efecto Dunning-Kruger podría explicar tanto sobre el funcionamiento del mundo. Para empezar, implicaría que muchas de las personas con mayor confianza y convicción —aquéllas que más fácilmente convencen a otros y llevan a la acción sus cometidos—, cuentan con menos aptitudes meta-cognitivas; mientras que las personas más capaces están paralizadas por sus dudas. ¿Será que nuestros líderes son líderes porque son imbéciles? Quién sabe, pero me hace recordar aquella frase de Bertrand Russell que dice: *Una de las cosas más penosas de nuestros tiempos es que aquellos que sienten certeza son estúpidos y aquellos con imaginación y entendimiento son indecisos y están llenos de dudas.* Pensemos por unos momentos en la posibilidad de que las personas con más inteligencia quizá viven asombradas ante la convicción de otros, asumiendo que llegaron a tal convicción desde la misma capacidad reflexiva e información que ellos tienen. Así se han montado siglos de historia humana. La intensa pasión de los movimientos fascistas en el siglo veinte es evidencia apabullante de ello.

Aunque el término suena complejo, no es tan complicado entender (al menos eso creo) esto de la meta-cognición: consideremos, por ejemplo, aquel típico momento en que una espectadora le grita al televisor, en un vano intento por advertir a la protagonista de una Telenovela sobre las intenciones ocultas del gañán que se acerca a endulzarle el oído. Esa perspectiva aventajada que tiene la espectadora sobre la protagonista, le permite ver tretas que la protagonista (se supone) no puede ver, debido a la limitada percepción que requiere su rol para efectos dramáticos. Es el caso de la metacognición: permite vislumbrar el efecto de las tretas y procesos internos; dejándonos, de momento, ver la manera en que encuadramos al mundo.

La otra parte en juego para la espectadora de la Telenovela es su empatía. Es raro cómo funciona la empatía en el entretenimiento. La destreza de una buena actríz consiste, entre otras cosas, en su capacidad para lograr que el público empatice con su personaje. La empatía es parte fundamental del desarrollo cognitivo de un ser humano, implica la facultad para relacionarse con los demás, y así para sobrevivir en el mundo. El proceso empático involucra una red de neuronas llamadas *neuronas espejo*. Su nombre surge porque hacen justo eso: reflejar en el receptor las sensaciones o procesos de otro. Mientras que un sociópata aprende a leer a los demás sin ser afectado por la empatía, hay quienes incluso padecen el efecto contrario: hiper-empatía. En la novela post-apocalíptica *Parable of the Sower*, Octavia E. Butler presenta personajes que manifiestan esta condición (debido a que sus padres ingirieron muchas drogas). Los hiper-empáticos pueden disfrutar vicariamente los placeres de los demás, pero también son fácilmente manipulables por el dolor de los demás. Padecen lo que podría llamarse un sobregiro de neuronas espejo.

El Yo no se sostiene por sí mismo, depende de los demás y del entorno. "Yo" es una palabra que se utiliza ante los demás; es (soy) un pedazo de una conversación constante, una cuyo origen se desconoce. Una charla llena de jugosas mentiras llamadas historia, donde se inserta ese Yo. El modo en que nos entendemos —y el sentido que hacemos del entorno—, depende tanto de la metacognición como de un grado de empatía. Tanto la meta-cognición como la empatía son procesos infinitos en su naturaleza reflexiva; es decir que ambas implican un sinfín de factores constantemente diferidos. Se puede tener meta-meta-cognición (una cognición de la cognición de un proceso cognitivo) y así se vuelve borrosa la noción del Yo que atestigua los procesos mentales. Así, al empatizar con un gesto, este mismo gesto a su vez devino de una cadena interminable de empatías previas. Al empatizar con una sonrisa, por ejemplo, esa sonrisa es precisa en lo que expresa, es absolutamente particular en una forma de expresión. Coquetear con alguien es ejemplo vivo de ello: las sonrisas que insinúan pero no ceden, las sonrisas que agradecen pero no alientan. Esa precisión de los gestos deriva de un proceso de empatías que remontan al origen de la vida en este planeta y un sin fin de factores; esa sonrisa es reflejo de toda la historia de intercambios de sonrisas a través de los tiempos. Y este proceso, infinito, es lo que nos moldea: somos su síntoma.

Entre tanta especulación, regresemos a aquella construcción especular del Yo, ese modo de ser y verse siendo al mismo tiempo, y sobre todo el modo de representarse constantemente. El ámbito de la publicidad presenta una amplificación de esta estructura Yoica, similar a la de la espiritualidad *new age* (que ya de *new* no tiene nada).[32] Se presenta al Yo en un modelo doble, donde es, a la vez, propiedad (de sí mismo) y embajador (de sí mismo). Madonna, en su *Reinvention Tour* de 2004, proyectaba

---

[32] No es mera coincidencia la similitud entre estos ámbitos (publicidad y espiritualidad *new age*). La publicidad es ahora una suerte de teología, otorgando sentido a la vida humana por medio de su mitología, mientras que la espiritualidad *new age* se presenta cada vez más con *slogans* pegajosos, buscando vender algún sentido de vida (que les permita seguir vendiendo). Mientras que esta versión de la espiritualidad busca ser cada vez más rentable, la publicidad se apoya con frecuencia en los valores y mensajes de la espiritualidad *new age* para sus metas. Ambas instancias se dirigen al Yo para ofrecerle una configuración.

en las pantallas para cerrar los conciertos una frase que llevaba como mensaje al mundo: "re-invent yourself". Ella lo propone desde sus experiencias con la Cábala (o lo que concibe como tal), un modelo de auto-superación constante (como una suerte de revolución institucional interiorizada). ¿Quién diablos reinventa a quién? O consideremos la campaña que hizo Nike para la carrera *The Human Race 10k* en el 2009 en México; sus *slogans* fueron prototipos de esta versión del Yo escindido: "No me voy a dejar vencer por mí", "Soy mejor que yo", "Tú vs. Tú, hazte tus apuestas". Frases reminiscentes a aquel aforismo de Nietzsche: *Quien a sí mismo se desprecia continúa apreciándose, sin embargo, a sí mismo en cuanto despreciador.*

Ejemplos abundan, como en la meditación trascendental (TM) donde aplican el mismo *slogan* que hace poco leí afuera de un Suburbia para promocionar la venta de computadoras en referencia al uso de redes sociales: *Actualiza tu Yo*. Muy del tipo *Yo 2.0* y en ambos casos presuponiendo una jerarquía de lo trascendente sobre lo inmanente. Un Yo inmaterial que está detrás de todo el *show*, al estilo Facebook, sólo que al revés: detrás de un teclado se supone una esencia intangible y en la pantalla (el mundo en este caso) un avatar de carne y hueso. Se prescribe un Yo escindido, como aquél de Belinda, quien decía saber quién es y quererse como si a otra. Como coartada a las paradojas de la existencia, postulan un Yo dividido en propietario y propiedad, producto y dueño; un Yo que funge como representante de sí mismo —es su propio gobierno, pueblo y embajador—.

Este modelo del Yo presenta una ventriloquía, donde se es, a la vez, títere y ventrílocuo. Imaginemos un ventrílocuo vestido en traje de mago y un muñeco de madera, sólo que en este caso resulta imposible determinar quién está a cargo. Es decir, parece que hay una voz interna que coordina la representación externa que hacemos de nosotros mismos, pero a veces parece suceder, más bien, al revés, donde es la voz interna la que responde a los gestos externos, en un intento por darles sentido. Como si el muñeco de madera también tiene una mano metida en la espalda del ventrílocuo. El Yo es, más bien, un efecto especial producto de la tensión entre representado y representador; la tensión entre el ventrílocuo y el muñeco de madera. Más allá de las tensiones y juegos de palabras, el problema con esta noción de un Yo que se representa y actualiza a sí mismo es que, de no ser al menos dos personas, supondría una enorme cantidad de voluntad consciente para auto-modelarse, representarse y hasta actualizarse.

La idea de una voluntad consciente implica una voluntad incapaz de traicionarse. Consideremos, por ejemplo, *el efecto del oso blanco*, donde si alguien se propone no pensar en un oso blanco no podrá evitar pensar en un oso blanco. O (para un caso más extremo), consideremos *el síndrome de la mano extraña*, que padecía el Dr. Strangelove (Peter Sellers) en la película de Stanley Kubrick, donde una de sus manos responde a otra orden de intereses que los del personaje mismo.[33] En parte fue por este tipo de contradicciones que Freud llega a formular el inconsciente del psicoanálisis, también influido por los descubrimientos a los que llegó en relación a la hipnosis. Pensemos, para este caso en alguien que ha sido hipnotizado y así manipulado a llevar a cabo cierta tarea. Después de la hipnosis el sujeto que lleva a cabo la acción estará convencido de que fue por voluntad propia.

---

[33] El ideal de todo masturbador experimentado. Además, en cierto modo nos remite tanto a la metacognición como a la declaración de Belinda, donde se presupone un grado de extrañamiento ante sí misma. La mano adormilada y fría con la que te frotas.

Daniel Wegner, psicólogo investigador en la universidad de Harvard, propone que la voluntad consciente es una ilusión —un efecto especial—. Wegner plantea que lo que vivimos como voluntad consciente es sólo una sensación, igual a la sensación de percibir el color morado o el sabor de un chicle de mango. Arguye que pese a la sensación de tener intenciones conscientes que coordinan nuestro comportamiento, en realidad tanto el comportamiento como la intención derivan de otros procesos más bien inconscientes. Como cuando el personaje de Nicolas Cage en *Leaving Las Vegas* (1995) dice: "No sé si empecé a beber porque mi esposa me dejó, o si mi esposa me dejó por mi manera de beber".

Wegner atribuye la ilusión de la voluntad consciente a tres falacias: consistencia, exclusividad y prioridad. *Consistencia*: temas relacionados a la acción realizada recurren dentro de la mente, aunado a la recurrencia del Yo —como figura gramatical— en el pensamiento, dando así la impresión de que la acción fue planeada conscientemente. *Exclusividad*: creer que no hay otras influencias externas además de la intención propia dirigiendo la acción; es decir, se excluye la posibilidad de otros factores causantes (o de las causas mismas de la "intención"). *Prioridad*: que el pensamiento relacionado a la acción suceda poco antes de la misma, dando así la impresión de ser su origen. Al demostrar que la voluntad consciente es una ilusión Wegner propone una pregunta más interesante: ¿por qué sucede la ilusión, para qué sirve? En términos teológicos sería como plantear que el Libre Albedrío es un chiste y entonces mejor preguntarse si es un chiste sucio. Y sí, vaya que lo es.

Como tantas otras cosas en la vida, todo este asunto me recuerda a un video de Björk. En el video para "All is full of love" (*Homogenic*, 1999) salen un par de robots que, movidos por otros aparatos, comienzan a darse un faje que cualquier humano envidiaría por su calidad afectiva. La canción le otorga una emotividad expansiva al video y los robots son increíblemente estéticos, expresivos, se mueven suavemente, con entrega. El faje de los robots de Björk permite un vistazo al dilema de la voluntad consciente: los robots son movidos por otros aparatos que, a su vez, podemos asumir son operados por otros y así *ad infinitum*. Tal es nuestro caso: somos partícipes de una contingencia ilimitada. Pero claro, aunque no existimos como tal, sino meramente como espejismos de una infinitud inasible de causas y condiciones, igual pagaremos impuestos.

A:

B: Pero sobre todo es triste estar encerrado, ¿sabes? Y que tu madre te visite ahí… y sólo pueda hablar contigo bajo supervisión psiquiátrica. Lo peor es que tu libertad acaba por depender de la opinión de un psiquiatra. Y puede que esté teniendo un mal día, ¿te imaginas? Tienes que contestar muchas preguntas, hasta te preguntan sobre dichos populares; sobre el significado de alguna frase como "más vale pájaro en mano que un ciento volando". De pronto tu libertad depende de tu interpretación de un dicho popular.

A:

B: Sólo porque respondí correctamente a una pregunta que me hizo; esa fue la clave. Preguntó "¿tiene usted poderes especiales?", y recordé algo que recién había escuchado. En un pasillo del hospital, una paciente depresiva me hizo el favor de aclararme: "recuerda: eres especial… como todos los demás". Si no hubiera tenido eso en cuenta, hoy no estaría aquí… seguría bajo supervisión médica.

[A MODO DE CONCLUSIÓN...]

En efecto, el salto de Belinda a Björk puede resultar turbu-
lento. Pero tal es el caso con este tema del Yo: las únicas conclusiones posibles acaso se rozan al sesgo entre un punto y otro.
Sin embargo, queda intentar alguna resolución, una que será, a
lo más, una coartada.

Primero, una aclaración sobre la individualidad en sentido, digamos, sociopolítico. Si bien el Yo no existe *per se* (ya que
para hacerlo tendría que existir de manera intrínseca, independiente y permanente), su falta de solidez ontológica no resulta
en avocar por una colectividad.[34] Que el Yo sea un efecto, o
síntoma, de una interdependencia infinita, no quita que ese
sitio (espacio-temporal) donde aparece cada quién sea singular
e irrepetible. Tanto como lo que tú piensas en este momento
y lo que yo ahora pienso no es lo mismo. (Créeme, no quieres
saber lo que estaba pensando). La configuración particular de

---

[34] Twitter, por ejemplo, suele presentarse, como parangón de la democracia y la
libertad de expresión. Es un recurso invaluable, y un avance para la comunicación
global. Pero cabe señalar la regulación discursiva que impone: siendo que los mensajes se dirigen a *todos*, a un Gran Otro por así decirlo, y no a un otro en particular.
Es la difrencia entre una llamada telefónica a una persona o una llamada por *speaker*
donde todos escuchan tu conversación. Twitter regula el discurso mientras alienta
a decirlo; la individualidad es permitida *siempre y cuando* el discurso encaje dentro
de ciertos estándares.

cada expresión de subjetividad despliega un curso de deseos únicos. El Yo es ilusorio, sí, pero cabe recordar que el resto de los fenómenos del así llamado universo tampoco existen por cuenta propia. Aparecen, también, sólo como efecto de un sin fin de causas y condiciones. En sentido absoluto, claro: no existo; pero en sentido convencional: aquí estoy.[35]

No es meramente que el Yo *aparece, mas no existe*, sino que *el Yo sólo aparece gracias a que no existe*. Si existiese, en sentido formal, tendría una esencia inmutable e independiente; no podría tener relación alguna con los demás fenómenos. Tener relación con otros fenómenos implica que sus interacciones los alteran mutuamente; es decir, son inter-dependientes. ¿Y de no tener relación alguna con otros fenómenos cómo podríamos siquiera considerar que algo exista? Si no hubiese oídos en el mundo, no habría sonido (y viceversa *ad infinitum*). Sólo gracias a que no existimos es posible el juego de las ilimitadas causas y condiciones que nos proyectan tal y como aparecemos. En esta radical ilusoriedad donde todos los fenómenos —incluido el Yo— aparecen sin existir, deja de importar el estatus ontológico del sujeto.[36] Lo que importa son sus expresiones y, claro, sus derechos: los derechos de un individuo son inalienables y particulares. Incluyen, además,

---

[35] Aunque no tengamos un sustento ontológico intrínseco e independiente, de todos modos aparecemos como individuos. No existimos, tanto como no "no existimos". En términos absolutos no existimos, pero en cuanto a lo convencionalmente acordado, aquí estoy yo y allá estás tú —y si te pateo te dolerá—. Lo absoluto y lo convencional se cruzan, pero son registros distintos.

[36] Para ejemplificar esto sirve bien una analogía en torno a tres películas: *Existenz* (1999), *Matrix* (1999) y *Avalon* (2001). Las dos primeras cintas postulan la realidad "real" como un valor máximo. *Avalon*, en cambio, propone algo más interesante: es justamente *por medio* de un videojuego ilegal (de inmersión total) que la protagonista obtiene acceso a una realidad más colorida. En el tercer caso deja de importar el estatus "realista" de la realidad a cambio de sus posibilidades estéticas y afectivas. De todos modos la experiencia que tenemos es personal y en vivo.

el derecho a hacer sentido de "la vida" como se le ocurra y quiera cada quien, ateniéndose a las consecuencias de violar los derechos ajenos.

Reparo en esto para evitar conclusiones donde la ilusoriedad del Yo conlleve a una suerte de colectividad orgánica, desdibujando al sujeto en la masa —en un sentimiento oceánico, una histeria masiva o una constante culpa que lo infantiliza—. Tal ha sido el caso de tantas religiones o de movimientos políticos que hacen del Estado un culto. El Estado no está ahí para otorgarle sentido a la vida del individuo, intentando vanamente depurar la radical ilusoriedad del mundo, a cambio de alguna supuesta certeza metafísica o moral. El Estado está ahí para salvaguardar los derechos del individuo y procurar el mejor funcionamiento de las instituciones que protejen estos derechos; no para decirle qué es la vida o cómo vivirla.

La ya remasterizada muerte de Dios anunciada por Nietzsche, derivó, *sin querer queriendo*, en un falso ateísmo. El Yo terminó por ocupar el sitio antaño relegado a la deidad. Se tornó, digamos, en el eje de la experiencia humana, el foco de atención. Mas sólo si dejamos de tener la cabeza tan metida en nuestro propio culo (girando sobre el eje de una narración compulsiva que en su intento por sostener y perpetuar un Yo), es posible una relación más directa con el entorno. Acaso soltando la angustiosa fascinación que esa reiterada falta de nosotros mismos produce se abre el espacio para un modo de responder más atinado para con este mundo que habitamos y somos. Cosa que aún dista bastante de ser cierto para mí. Pero quién quita y un día de éstos...

El Yo es un extraño y deleitable síntoma del mundo. Una sensación ubicua que procura la supervivencia de una especie inteligente —un síntoma tan improbable considerando las tantas condiciones que han tenido que darse para que aparezca—. En tanto síntoma del mundo, el Yo es también un mecanismo de expresión del mismo. En toda su ilusoriedad, el Yo es, pues, un efecto especial, tal como aquellos árboles que han desarrollado la apariencia de tener ojos.

Aquí estamos, pero pronto moriremos. La muerte nos es desconocida y lo ético es asumir, con base en nuestros sentidos, que es el fin de esta expresión. El cese definitivo, total e irrevocable de toda percepción, sensación o emoción. Carajo. Nosotros ni existimos y aún así moriremos. Somos un mero reflejo de la gloria de este mundo, apenas una exhalación. Quedarán los rastros y los efectos de este efecto llamado Yo. Y no, no me refiero meramente a aquellos que "la historia" recordará en sus bancos de datos. Sino, sobre todo, cada expresión que compartimos como el trazo de millones de años de caricias transmitidas en el espacio. Una memoria de afectos grabada en nuestras células. Asumiendo en toda su brutal plenitud el fulgor de este instante y respondiendo de acuerdo al breve asombro que llamamos vida, ("mi vida"), cito a Georges Bataille: "en cuanto me habrá de sobrevivir, estoy en armonía con mi aniquilación".

Pero, para dar la vuelta completa, de Belinda a Björk, habrá que cerrar transitando de Bataille a Belanova, y estas palabras de su *hit* "Rosa Pastel":

Y al final
tú y yo ya no existimos.

ÍNDICE

Buda, drogas y pop de Fausto Alzati Fernández
se terminó de imprimir en
febrero de 2013.

www.ingramcontent.com/pod-product-compliance
Lightning Source LLC
La Vergne TN
LVHW041436170726
843492LV00008B/2628